Yo Cuento Hasta Cuatro.

Mi Increíble Serie de Comportamiento Para Niños Pequeños

¡No Muerdo!

Por

Suzanne T. Christian

TWORAVENS
BOOKS

ISBN de la edición en tapa blanda: 9781964202358
ISBN de la edición en tapa dura: 9781964202365
ISBN de la edición digital: 9781964202372

Publicado en los Estados Unidos por Two Ravens Books LLC,
254 Chapman Rd, Ste 209, Newark DE 19702

'Ampliando mentes, liberando imaginaciones, una obra a la vez'.
www.tworavensbooks.com

Bienvenido a
"Yo Cuento Hasta Cuatro. ¡No Muerdo!"

Este libro es una encantadora colección de afirmaciones divertidas y fáciles de entender, especialmente pensadas para los más pequeños. A medida que vayan explorando juntos sus coloridas páginas, tu pequeño descubrirá lo divertido que es expresar sus sentimientos y frustraciones de otras maneras, en lugar de recurrir a morder.

Cada página incluye animadas ilustraciones y mensajes que ayudan a aprender sobre el autocontrol, la comprensión y la amabilidad. ¡Prepárate para embarcarte en un viaje de crecimiento emocional, atención plena y mucha diversión con tu pequeño!

Mis dientes son para reír,
no para morder.

Mastico mi comida,
¡no muerdo
a mis amigos!

Cuando me siento molesta, respiro hondo.

Yo muerdo las
manzanas,
¡no los brazos!

Mis dientes son solo para mí.

Mis dientes son para comer palomitas, ¡no personas!

Yo digo: "¡Perdón!"
No empujo ni muerdo.

Como Bumble la abeja, zumbo, pero no muerdo.

Cuando estoy molesto,
uso mis palabras.

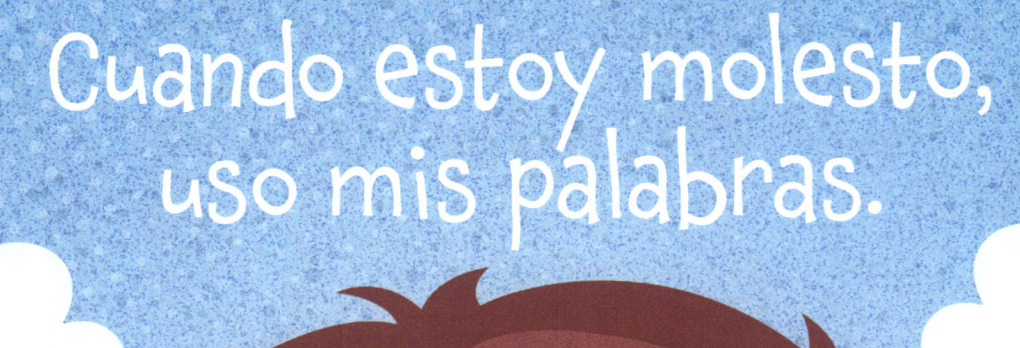

Prefiero hacer
burbujas
que morder.

Mi boca es para cantar canciones alegres.

Como Furry el zorro,
juego sin morder.

¡Mi boca es una zona libre de mordidas!

Mi boca es para hacer
muecas divertidas.

Mordisqueo zanahorias,
¡no a mis amigos!

Mis dientes son para decir
"¡patata!",
¡no para hacer llorar!

Soy amable y considerado. ¡No muerdo!

Solo muerdo
deliciosos
sándwiches.

Cuando juego con otros, no muerdo.

Uso mis dientes para
reírme de los chistes.

Muerdo para disfrutar
papas fritas crujientes,
¡no muerdo los dedos!

Mis dientes
son para comer
pizza,
¡no personas!

Trato a los demás
con amabilidad.

Muerdo para comer helados, ¡no muerdo a los amigos!

Yo cuento hasta cuatro. ¡No Muerdo!

1 2 3 4

Mi Increíble Serie de Comportamiento Para Niños Pequeños

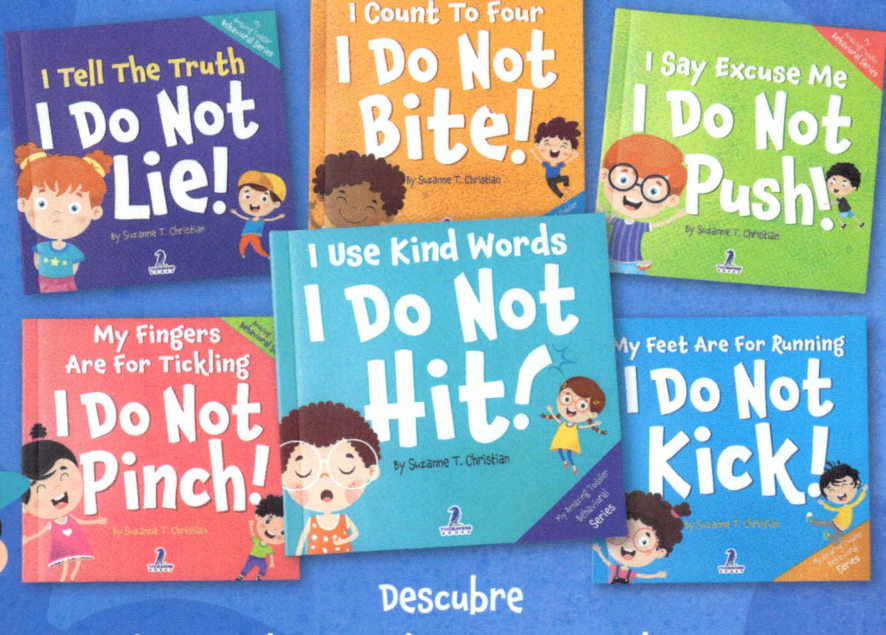

Descubre
la querida serie de Suzanne T. Christian
'Mi Increíble Serie de Comportamiento
Para Niños Pequeños.'
¡Los pequeños lectores seguramente la disfrutarán!

Two Little Ravens
CHILDREN'S NON-FICTION BOOKS

Querido(a) Lector(a) Increíble,

Gracias por sumergirte conmigo en **Yo Cuento Hasta Cuatro. ¡No Muerdo!**. Si este libro tocó tu corazón o marcó una diferencia para un joven lector, te agradecería mucho que compartieras tus pensamientos en una reseña. Tu opinión inspira mi trabajo futuro y ayuda a otros a descubrir la magia dentro de estas páginas.

Me encantaría saber de ti directamente si tienes sugerencias o ideas para mejorar el libro. Por favor, no dudes en contactarme a **suzanne.christian@ tworavensbooks.com.** Tu voz cuenta, y la valoro profundamente.

Con sincera gratitud,

Suzanne

www.ingramcontent.com/pod-product-compliance
Lightning Source LLC
Chambersburg PA
CBHW041602120626
46551CB00002B/288